AF239984

Impressum
Verlag: BABADADA GmbH, Nedderfeld 112 , 22529 Hamburg
Geschäftsführer / Verlagsleitung: Harald Hof
Druck: Books on Demand GmbH, In de Tarpen 42, 22848 Norderstedt

Imprint
Publisher: BABADADA GmbH, Nedderfeld 112 , 22529 Hamburg, Germany
Managing Director / Publishing direction: Harald Hof
Print: Books on Demand GmbH, In de Tarpen 42, 22848 Norderstedt

اسڪول

escola

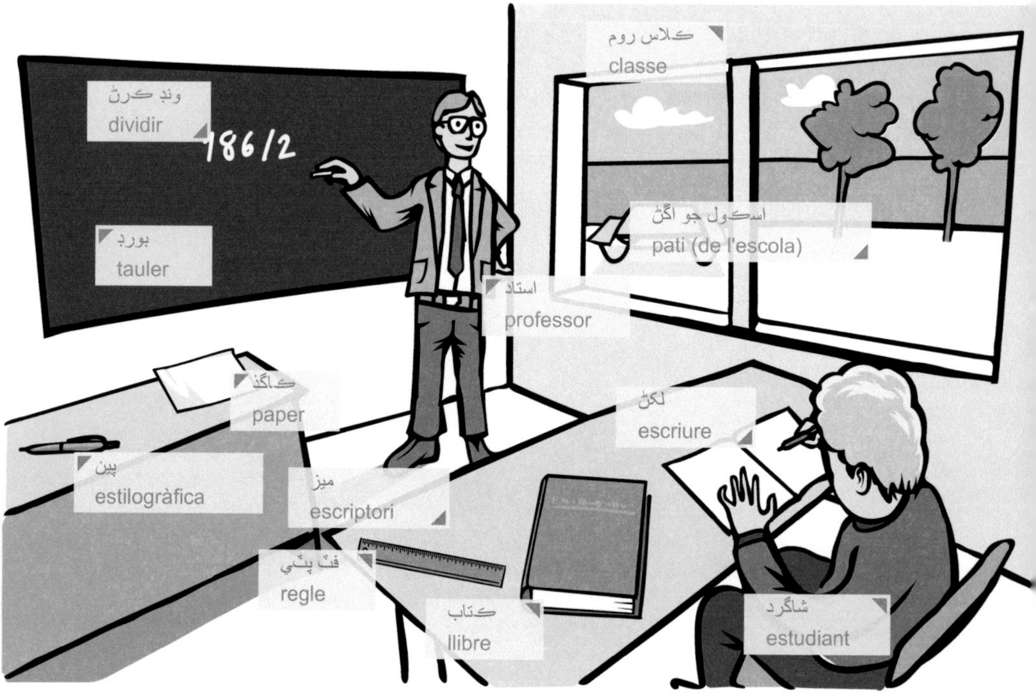

ڪلاس روم
classe
ونڊ ڪرڻ
dividir
186/2
بورڊ
tauler
اسڪول جو اڱڻ
pati (de l'escola)
استاد
professor
ڪاغذ
paper
لکڻ
escriure
پين
estilogràfica
ميز
escriptori
فٽ پٽي
regle
ڪتاب
llibre
شاگرد
estudiant

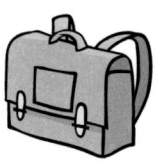

بستو

bossa

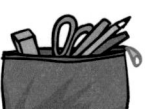

پينسل باڪس

estoig

پينسل

llapis

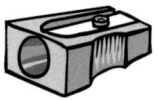

پينسل شارپنر

maquineta de fer punta

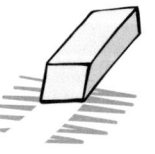

ربڙ

goma

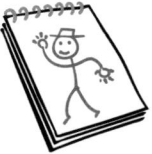

ڊرائنگ پيڊ

bloc de dibuix

درائنگ

dibuix

پينٹ برش

pinzell

پينٹ باکس

capsa de pintures

قينچي

tisores

کئونر

cola

مشق کرن واري کاپي

quadern d'exercicis

هوم ورک

deures

12

عدد

nombre

2+2

جوڑ کرن

afegir

5-2

کٹ کرن

sostreure

2×2

ضرب کرن

multiplicar

حساب کرن

calcular

A

خط

lletra

ABCDEFG
HIJKLMN
OPQRSTU
VWXYZ

الفابيٹ

alfabet

hello

لفظ

mot

مضمون

text

پڑھنا

llegir

چاک

guix

سبق

lliçó

رجسٹر

llibre de classe

امتحان

examen

سرٹیفیکیٹ

certificat

اسکول یونیفارم

uniforme escolar

تعلیم

formació

انسائکلوپیڈیا

enciclopèdia

یونیورسٹی

universitat

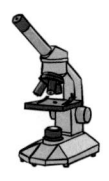

خوردبینی

microscopi

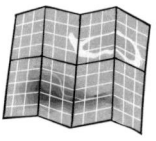

نقشو

mapa

ردی جی ٹوکری

paperera

هوتل
hotel

هاستّل
alberg

رقم تبديل كرائٹ جي أفيس
oficina de canvi

سوٹ كيس
maleta

كار
automòbil

پولي
llengua

ها يا نه
sí / no

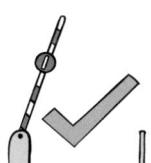

صحيح آهي
D'acord

هيلو
Ey!

مترجم
traductora

مهرباني
gràcies

هن جي قيمت گهٹي آهي.....؟

Quant costa… ?

مون کي سمجھ ۾ نٿو اچي

No entenc

مسئلو

problema

گڊ ايوننگ

Bona nit!

صبح بخير

bon dia!

ٿب خير

bona nit!

الوداع

fins aviat

طرف

direcció

سفري سامان

bagatge

بيگ

bossa

پويان بڌّن وارو بيگ

sarrona

مهمان

convidat

ڪمرو

cambra

بستر وارو بيگ

sac de dormir

خيمو

tenda

سياحت بابت معلومات

oficina de turisme

سمندر کناره

platja

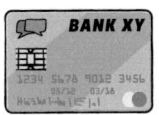

کریډټ کارد

carta de crèdit

ناشتو

esmorzar

لنچ

dinar

ډنر

sopar

ټکټ

bitllet

لفټ

ascensor

مهر

segell

سرحد

frontera

ګاهک

duana

سفارتخانو

ambaixada

ویزا

visat

پاسپورټ

passaport

هوائي جهاز
vol

سمندري جهاز
vaixell

باھ واسائٹ واري گاڈی
automòbil dels bombers

بس
bus

ٹرک
camió

مونٹر بوٹ
llanxa de motor

سائیکل
bicicleta

كار
automòbil

فیري
transbordador

بیڑی
barca

مونٹر سائیکل
moto

پولیس كار
automòbil de policia

ریسنگ كار
automòbil de curses

رینٹل كار
automòbil de lloguer

چشنیرنگ کار

vehicle compartit

چکٹ وارو ٹرک

grua

کچري واري ٹرک

camió de les escombraries

کار

motor

فيول

benzina

پیٹرول اسٹیشن

benzineria

ٹریفک جا نشان

senyal de trànsit

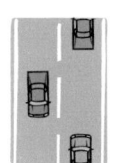

ٹریفک

trànsit

ٹریفک جام

embús

کار پارک

aparcament

ٹرین اسٹیشن

estació de trens

پٹڑیون

vies

ٹرین

tren

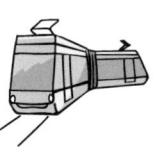

ٹرام

tramvia

ویگن

vagó

هيليكاپټر

helicòpter

اينرپورټ

aeroport

ټاور

torre

مسافر

passatger

کنټينر

contenidor

ډبو

capsa de cartó

ريړۍ

carretó

ټوکري

cistella

اڅرل / زمين تي لهڻ

enlairar-se / aterrar

شهر

ciutat

ګوټ

poble

شهر جو مرکز

centre de la ciutat

ګهر

casa

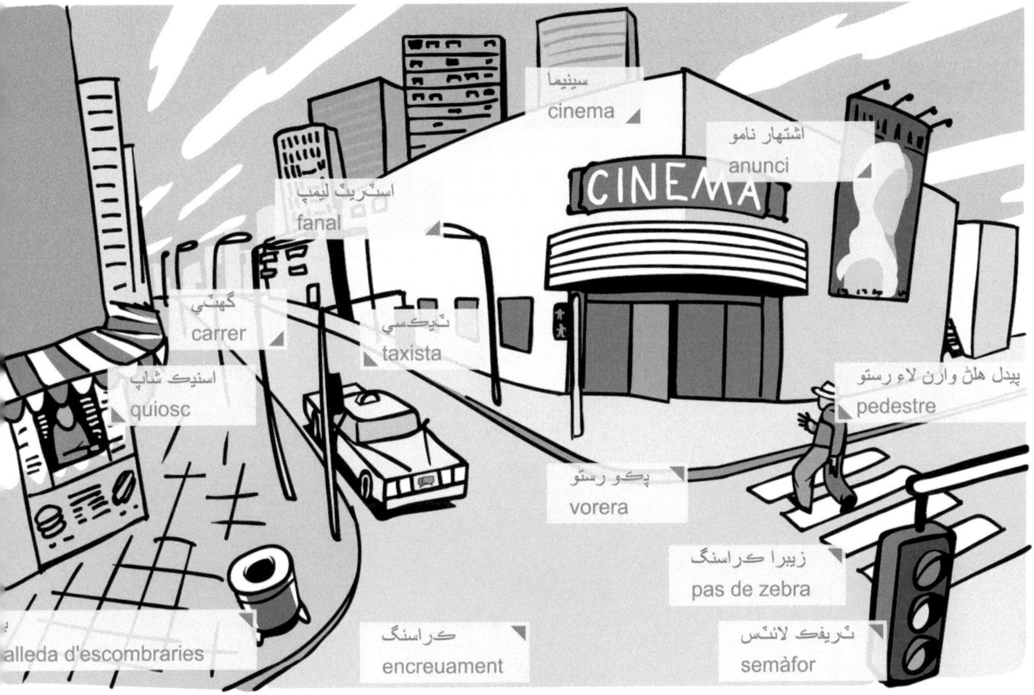

سينيما
cinema

اشتهار نامو
anunci

استریت لیمپ
fanal

CINEMA

پيدل هلٹ وارن لاء رستو
pedestre

گهٹی
carrer

ٹیکسي
taxista

اسنیک شاپ
quiosc

پکو رستو
vorera

زیبرا کراسنگ
pas de zebra

alleda d'escombraries

کراسنگ
encreuament

ٹریفک لائٹس
semàfor

جهوپڑي
cabana

فلیٹ
apartament

ٹرین اسٹیشن
estació de trens

ٹائون هال
casa de la vila-ciutat

عجائب گهر
museu

اسکول
escola

يونيورسټي
universitat

بينک
banca

اسپتال
hospital

هوټل
hotel

فارميسي
farmàcia

أفس
oficina

کتابن جي کتاب
llibreria

دکان
botiga

گلن جي دکان
floristeria

سپر مارکيټ
supermercat

مارکيټ
mercat

ډپارټمينټ اسټور
gran magatzem

مڇي جي دکان
peixateria

شاپنگ سينټر
centre comercial

بندرگاه
port

پارک

parc

بينچ

banc

پل

pont

ڈاکٹ

escala

زیر زمین میٹرو

metro

سرنگ

túnel

بس اسٹاپ

parada d'autobús

شراب خانو

bar

روسٹورینٹ

restaurant

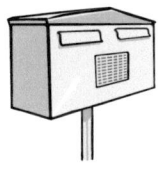

پوسٹ باکس

bústia de correu

اسٹرینٹ سائن

senyal indicador

پارکنگ میٹر

parquímetre

چڑیا گھر

zoo

سونمنگ پول

piscina

مسجد

mesquita

فارم

granja

آلودگي

pol·lució

قبرستان

cementiri

چرچ

església

راند جو ميدان

parc infantil

مندر

temple

زميني منظر

paisatge

پتو
fulla

سائن بورڊ
cartell indicador

رستو
camí

ساوَ ڪ واري زمين
prat

پٿّر
pedra

پيادل هلڻ وارو هائيڪر
excursionista

وڻ
arbre

دريا
riu

چمن
gespa

گل
flor

وادي

vall

جبل

muntanya

ډنيﻞ

llac

گل

bosc

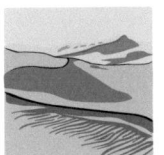

ريگستان

desert

آتش فشان

volcà

قلعو

castell

انﺪﻟﻚ

arc de Sant Martí

كنپي

bolet

كهجي جو وڻ

palmera

مچر

moscard

مک

mosca

كيولي

formiga

ماكي جي مک

abella

مکڙي

aranya

نندڎ

escarabat

ڎيڎر

granota

نورينزو

esquirol

ڃاهو

eriçó

خرگوش

llebre

ڃرو

òliba

پکي

ocell

بدک

cigne

سونر

senglar

هرڼ

cervo

آمريکي هرڼ جو قسم

ant

بيم

presa

هوا سان هلڎ وارونڎربائين.

turbina

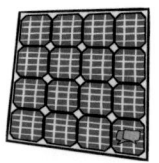

سولر پينل

panell solar

آب و هوا

clima

ويٹر
cambrer

كاٹي جي فهرست
menú

كرسي
cadira

سوپ
sopa

پيزا
pizza

چهري ڪانٹا
coberts

ٹيبل جو كپڙو
tovalla

استارٹر

primer plat

مين كورس

plat principal

كاٹي كانپوء كانٹ وارو مٹو

darreries

مشروب

begudes

خوراك

menjar

بوٹل

ampolla

فاسٹ فوڈ

menjar ràpid

اسٹریٹ فوڈ

menjar de carrer

كنٹلي

tetera

شگر باؤل

sucrer

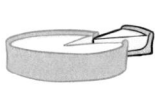

ٹکڑو

porció

ايسپريسو مشين

màquina d'espresso

اونچي كرسي

trona

بل

factura

ٹري

plata

چهري

ganivet

كانٹو

forqueta

چمچ

cullera

چانهن جو چمچو

cullereta

سرويٹي

tovalló

گلاس

got

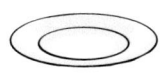

پلیټ

plat

سوپ پلیټ

plat de sopa

ساسر

plateret

چٹنۍ

salsa

لوڼ داني

saler

مرچ پیسۍ وارو

molinet de pebre

سرکو

vinagre

کاڼو پچانۍ وارو تیل

oli

مصالحو

espècies

کیچ اپ

quètxup

سرنهن

mostassa

مایونیز

maionesa

سپر مارڪيٽ
supermercat

خصوصي آفر
oferta especial
FOR
خريدار
client
ڊيري
productes lactis
فروٽ
fruites
ٽرالي
carret de la compra

BUTCHERS

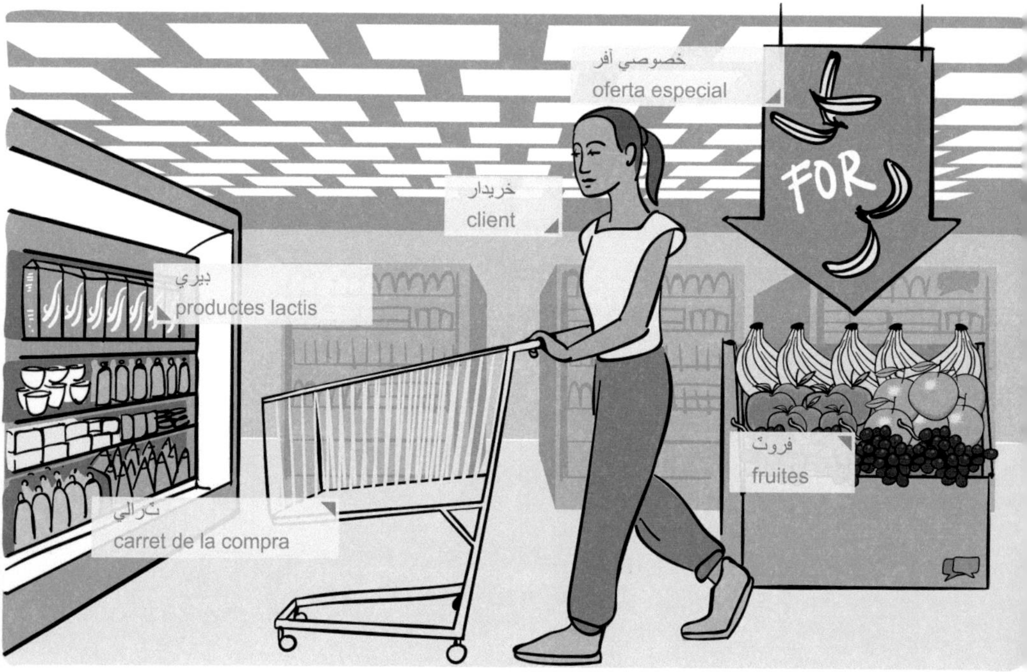

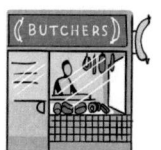

گوشت جي دڪان

carnisseria

BAKERY

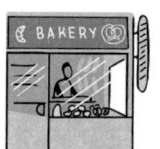

بيڪري

forn de pa

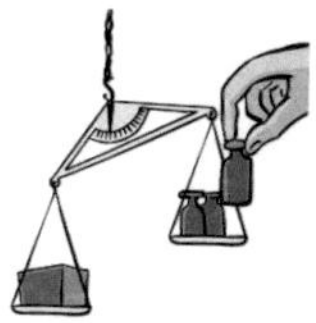

وزن ڪرڻ

pesar

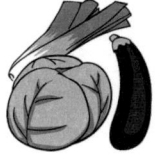

سبزيون

verdures

گوشت

carn

ڄميل کاڌو

menjar congelat

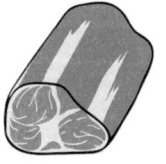

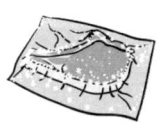

سرد گوشت

carn freda

ڊٻي ۾ بند کاڌو

conserves

واشنگ پاؤڊر

detergent en pols

مٺائي

dolços

گھريلو سامان

articles domèstics

صفائي ڪرڻ وارا پرابڪٽس

productes de neteja

سيلز پرسن

venedora

ڪيش رجسٽر

caixa registradora

خزانچي

caixera

خريداري جي فهرست

llista de la compra

اوقات ڪار

horari d'obertura

پرس

portamonedes

ڪريڊٽ ڪارڊ

carta de crèdit

ٻيگ

bossa

پلاسٽڪ ٻيگ

bossa de plàstic

پاڼي

aigua

جوس

suc

کیر

llet

کوک

coca-cola

واین

vi

بییر

cervesa

الکوهل

alcohol

کوکو

cacau

چاني

te

کافي

cafè

أيسپريسو

espresso

کپیو چینو

cappuccino

كيلو

banana

صوف

poma

مالثّو

taronja

خربوذو

síndria

ليمون

llimona

گجر

pastanaga

ثّوم

all

بانس

bambú

بصر

ceba

كنيي

bolet

اخروٹ، بادام

avellanes

نودلز

fideus

اسپیگٹي

espaguetis

چانور

arròs

سلاد

amanida

چپس

patates fregides

تريل پٹاٹا

patates fregides

پيزا

pizza

هيم برگر

hamburguesa

سينڈوچ

entrepà

گوشت جو ٹکرو

escalopa

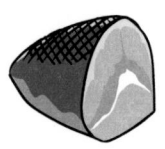

سور جي ران جو گوشت

cuixot

خشک گوشت

salami

ساسيج

salsitxa

مرغي

pollastre

روسٹ

rostit

مڇي

peix

خوراک - menjar

جوّ جو دليا

flocs de civada

ميوزلي

musli

كارن فليكس

cereals

اٹو

farina

كروٹسنٹ

croissant

بريڈ رول

panet

بريڈ

pa

ٹوسٹ

torrada

بسكٹ

bescuits

مكٹا

mantega

دهي

mató

كيك

pastís

انڈا

ou

فراني ٹيل انڈو

ou fregit

پنير

formatge

أئس كريم

gelat

كند

sucre

ماكي

mel

مربو

melmelada

چاكليتّ اسپريد

crema de xocolata

باجي

curri

فارم

granja

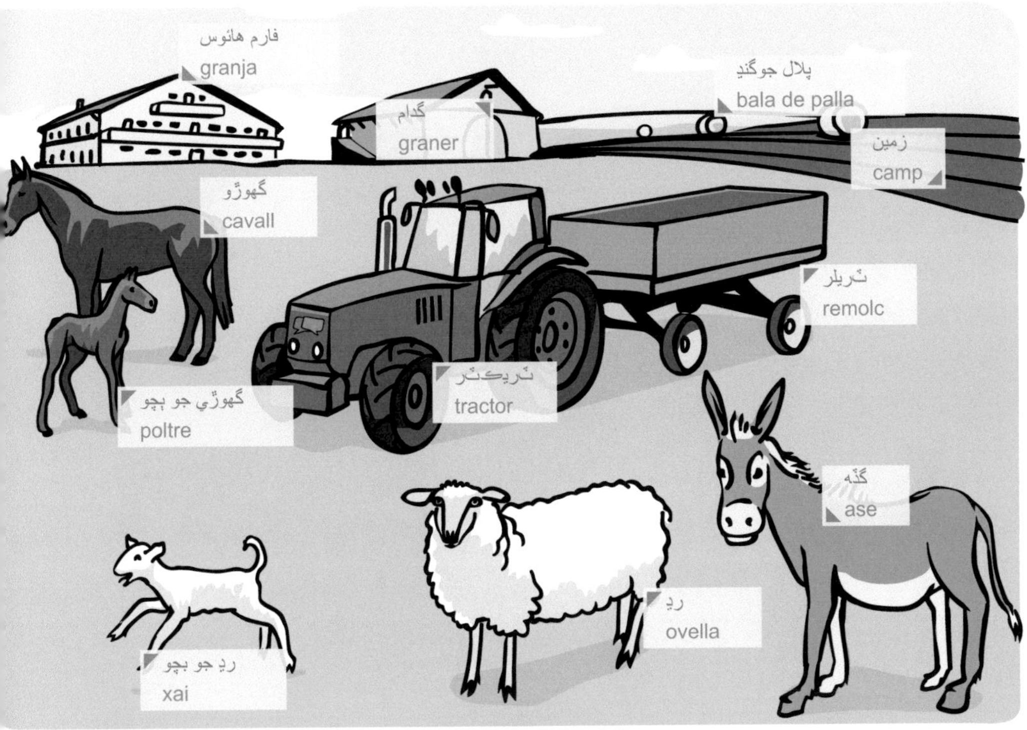
فارم هائوس
granja
پلال جوگنڍ
bala de palla
گدام
graner
زمين
camp
گهوڙو
cavall
ٽريلر
remolc
ٽريڪٽر
tractor
گهوڙي جو ٻچو
poltre
گڏه
ase
رڍ
ovella
رڍ جو ٻچو
xai

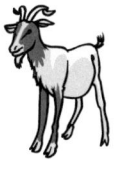

ٻڪري

cabra

ڳئون

vaca

پاڏو

vedella

سوُر

porc

سوُر جو ٻچو

garrí

ڍڳو

bou

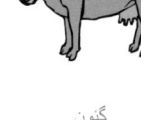

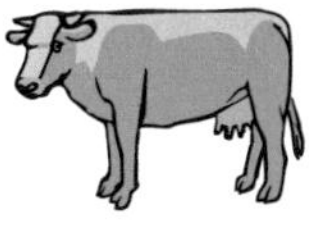

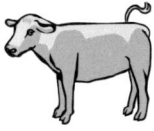

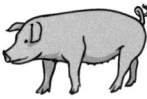

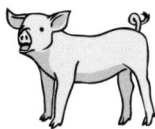

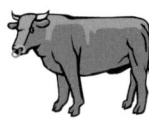

هنس

oca

بدك

ànec

چوزا

poll

مرغي

gall

مرغو

gallina

كونو

rata

بلي

gat

كونو

ratolí

ڈانڊ

bou

كتو

gos

كتي جو گهر

gossera

گاربن هوز

mànega de regar

پاڻي جو كين

regadora

ڈانڊو

dalla

هر

arada

ڈاٽو

falç

رنبو

aixada

ڈانداري

forca

ڪهاڙو

destral

هٿ سان هلائڻ واري ريڙهي

carretó

حوض

abeurador

ڪير جو ڏٻو

lletera

ڳوٿ

sac

لوڙهو

tanca

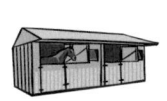

اصطبل

establa

گرين هائوس

hivernacle

مٽي

sòl

ٻج

llavor

کاد

adob

ڪمبائنڊ هارويسٽر

collidora

فارم - granja   29

فصل ڪَنُ

collir

فصل ڪَنُ

collita

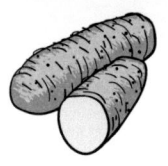

هڪ قسم جي تركاري

nyam

ڪَڻڪ

blat

سويا

soja

پٽاٽو

patata

مڪاني

blat de moro o d'indi

توري جو ٻج

colza

ميون جو وڻ

arbre fruiter

ڪَساوا

mandioca

اناج

cereals

چمني
fumera

چھت
teulada

نکاسي جو پائپ
canaló

دري
finestra

گيراج
garatge

دروازي جي گھنٹي
campana

دروازو
porta

کچري جي ٹوکري
galleda de les escombraries

ليٹر باکس
bústia de correu

باغ
jardí

لوونگ روم
sala d'estar

غسل خانو
bany

باورچي خانو
cuina

بيڊروم
cambra de dormir

ٻارن جو ڪمرو
cambra de nen

ڊائننگ روم
menjador

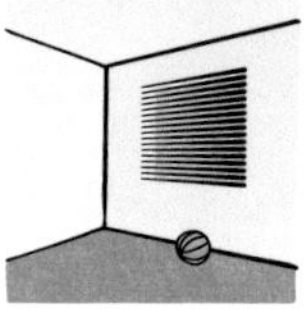

فرش	ديوار	چهت
sòl	paret	sostre
تهخانو	باڪ وارو غسل	بالڪوني
soterrani	sauna	balcó
ٽيرس	تلاؤ	گاه ڪٽڻ واري مشين
terrassa	piscina	tallagespa
چادر	چادر	بيد
vànova	cobrellit	llit
جهاڙو	بالٽي	سونچ
escombra	galleda	interruptor

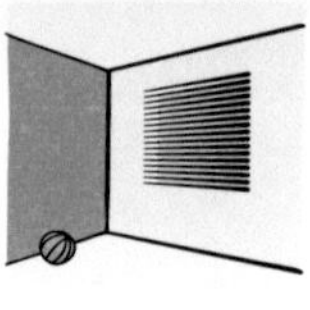

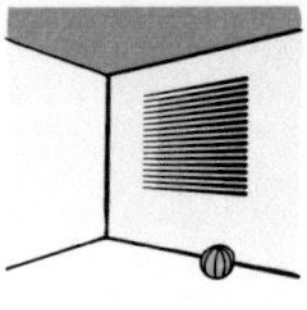

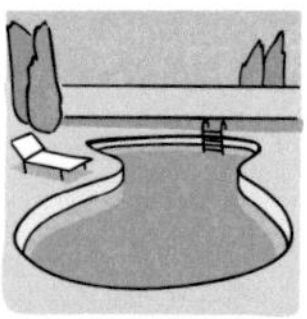

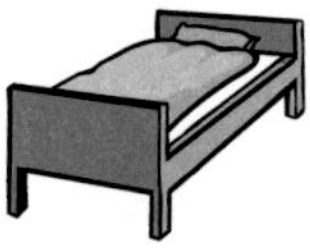

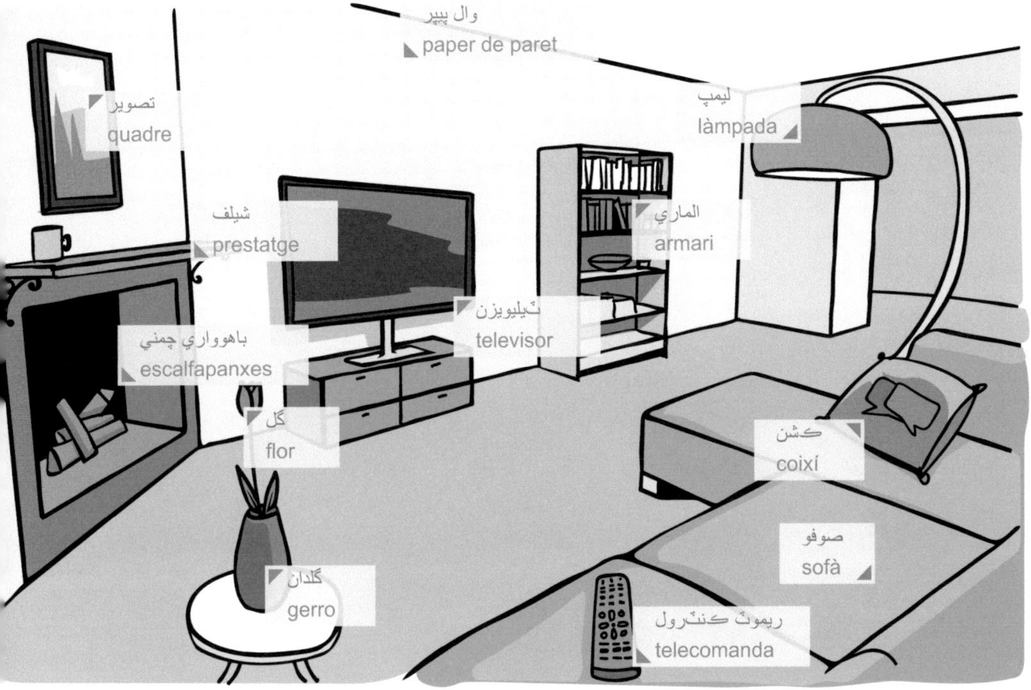

وال پیپر
▶ paper de paret

تصویر
quadre

لیمپ
làmpada

شیلف
prestatge

الماري
armari

باهوواري چمني
escalfapanxes

ئیلیویزن
televisor

گل
flor

کشن
coixí

صوفو
sofà

گلدان
gerro

ریموټ کنټرول
telecomanda

قالين
catifa

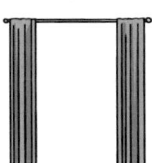

پردو
cortina

ميز
taula

کرسي
cadira

لڏن واري کرسي
cadira gronxadora

آرام کرسي
cadiral

كِتاب

llibre

كمبل

llençol

آرائش

decoració

پارٹ واريون كائيون

llenya

فلم

film

هاني فاني

cadena de música

چاٻي

clau

اخبار

diari

پينٽنگ

pintura

پوسٽر

cartell

ريڊيو

ràdio

نوٽ بڪ

bloc de notes

ويڪيوم ڪلينر

aspiradora

ٿوهر جو ٻوٽو

cactus

ميڻ بتي

candela

باورچي خانو
cuina

فرج
refrigerador
ماڪرو ويو اوون
microones
ڪچن اسڪيل
balança de cuina
ٽوسٽر
torradora
بيٽرجنٽ
detergent per a plats
چلهو
forn
فريزر
congelador
ڪچري جي ٽوڪري
galleda de les escombraries
ڊش واشر
rentaplats

ڪُڪر

cuina de fogons

ٿانوَ

olla

ڪاسٽ آئرن جا ٿانو

olla de ferro colat

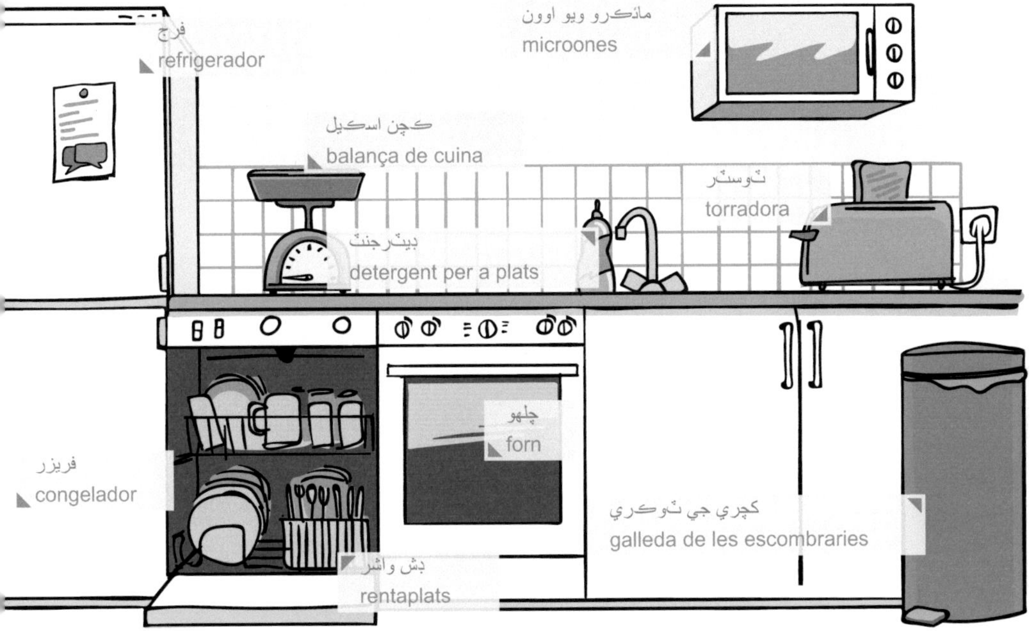

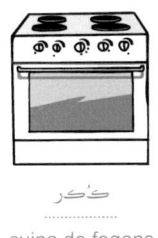

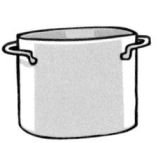

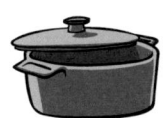

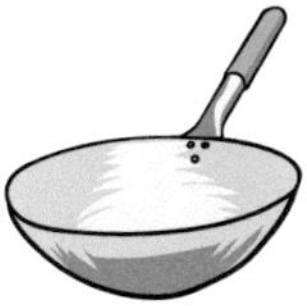

ڪڙهائي

wok / karahi

ترڻ وارو ٿانو

paella

ڪيٽلي

bullidor

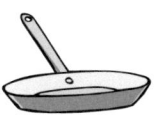

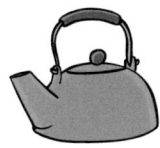

اسٹيمر

olla de vapor

بيكنگ ٹري

plata de forn

كراكري

vaixella

مگ

tassa grossa

پيالو

bol

چاپ اسٹكس

bastonets xinesos

ڈوئي

culler

ٹفٹي

espàtula

سبزي مكسر

batedor

چهاٹي

colador

چهاٹي

sedàs

كدو كش وارو اوزار

ratllador

اكري

morter

بار بي كيو

barbacoa

كليل باه

foc a terra

باورچي خانو - cuina

سبزي كنٹ وارو بورډ

taula de tallar

ويلن

corró

كارك اسكريو

llevataps

كين

pot de conserva

كين اوپنر

obridor

ٹانوَ پکړن وارو کپړو

agafador

سنك

aigüera

برش

raspall

اسفنج

esponja

بليندر

batedora

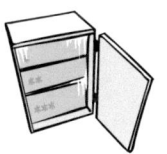

ډيپ فريزر

congelador

بار جي بوتل

biberó

نل

aixeta

غسل خانو

bany

هیټنګ
calefacció
ټوال
tovallola
شاور
dutxa
شاور کرټین
cortina de dutxa
ببل باټ
bany de bombollles
باټ ټب
banyera
واشنګ مشین
rentadora
ټائلز
rajoles
نل
aixeta
ګلاس
got
پاټي
orinal
سنک
aigüera

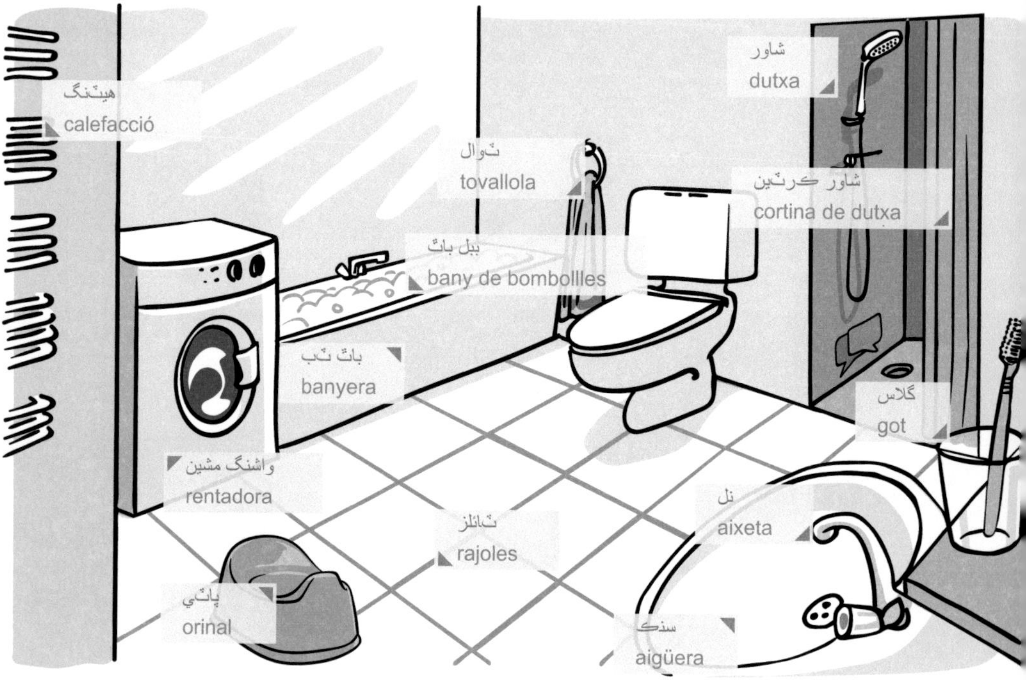

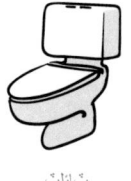

ټائلټ

lavabo

اوکړو ویهڼ وارو ټوائلټ

lavabo turc

شرم ګاه ټوئڅ وارو ټب

bidet

پیشاب ګاه

orinador

ټائلټ پیپر

paper higiènic

ټائلټ برش

escombreta de sanitari

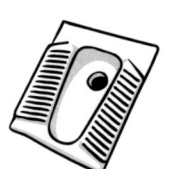

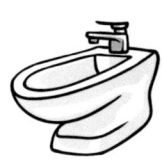

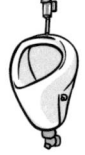

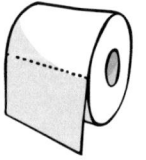

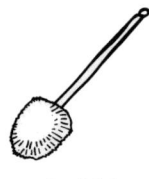

ڵوّتّه برش

raspall de dents

ڵوّتّه پیستّ

pasta de dents

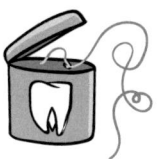

دینتّل فلاس

fil dental

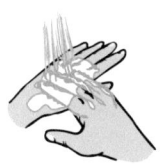

ڎوئتّ

rentar

هیندب شاور

pom de dutxa

شاور

dutxa íntima

بیک برش

rentamans

بیک برش

raspall per a l'esquena

صابن

sabó

شاور جیل

gel de dutxa

شیمپو

xampú

فلالین

manyopla de bany

ڎرین

bonera

كریم

crema

بیودّورنتّ

desodorant

أَئِينو

mirall

هتَّ مِ پکرَّڼ وارو أَئِينو

mirall-espill de mà

ريزر

maquineta de rasar

شِيونگ فوم

espuma de barbejar

أفتَّر شِيو

loció post-rasada

قنَّي

pinta

برُش

raspall

هيئر درائير

eixugador

هيئر اسپري

laca

مېک اپ

maquillatge

سرخي

pintallavis

نيل وارنش

esmalt d'ungles

کپه

cotó

نيل سيزر

tallaungles

پرفيوم

perfum

واش بيگ

estoig de bellesa

اسٹُول

tamboret

وزن کرڻ واري مشين

bàscula

باتُ روب

barnús

ربڙ جا دستانا

guants de goma

ٹيمپون

compresa higiènica

صفائي وارو ٹاول

compresa

کيمياني ٹُوائلٹ

sanitari químic

cambra de nen

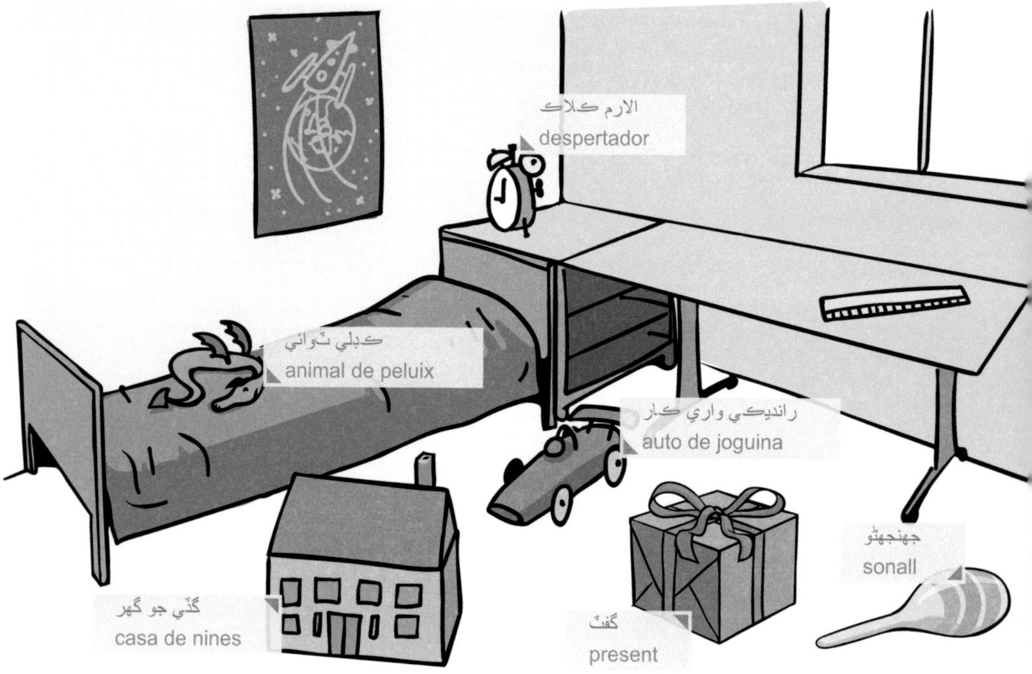
الارم ڪلاڪ
despertador
ڪبلي ٽوائي
animal de peluix
رانديڪي واري ڪار
auto de joguina
جهنجهٽو
sonall
گڏي جو گهر
casa de nines
گفٽ
present

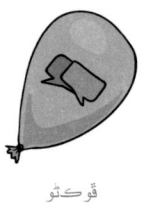

ڦوڪڻو

baló

بيڊ

llit

ٻار جي گاڏي

cotxet per a nens

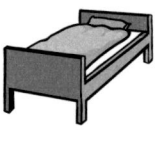

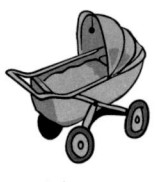

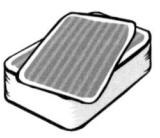

ديڪ آف ڪارڊز

joc de cartes

جگسا

trencaclosca

SUPER MEGA

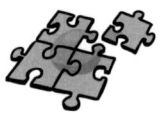

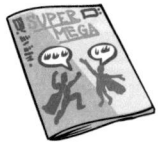

ڪامڪ

historieta

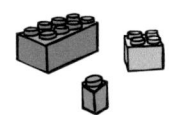

ليگوبريگس

peces de lego

راندیكن وارا بلاكس

peces de construcció

ایكشن فگر

ninot d'acció

بيبي گرو

granota

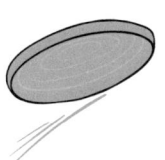

فرسبي

frisbee

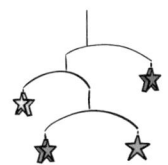

راندیكي واري موبانل

mòbil per a bressol

بورڊ گيم

joc de taula

چهكو

daus

ماڊل ٽين سيٽ

tren elèctric

بارن جي چوسڻ واري نپل

xumet

پارٽي

festa

تصویر واري كتاب

llibre de dibuixos

بال

pilota

گڏي

nina

كيڏٽ

jugar

سيندپٹ

sorrera

جهولا

gronxador

رانديکا

joguines

وڊيو گيم كنسول

consola de jocs de vídeo

نْن قَيَّن واري سائيكل

tricicle

ٹيڊي بيئر

osset de peluix

كپڙن جي الماري

armari

roba

جرابا

mitjons

اسٹاكنگز

mitges

ٹائٹس

mitja pantaló

اسكارف
tapacoll

جتّي
paraigua

نّي شرتّ
camiseta

بيلتّ
cintura

بوتّ
botes

چپل
plantofes

جاگر شوز
sabates d'esport

سيندل
sandàlies

جوتا
sabates

ربّرّ جا بوتّ
botes de goma

اندرپينسّ
calçonets

بريزر
sostenidor

واسكتّ
guardapits

جسم

jjustacòs

پتلون

pantalons

جينز پينتٌ

jeans

اسكرتٌ

faldeta

چولو

brusa

قميض

camisa

جرسي

jersei

هوڏي

dessuadora

بليزر

blazer

جيكتٌ

jaqueta

كوتٌ

mantell

بارش م پانٌ وارو كوتٌ

impermeable

پوشاك

vestit de dona

لباس

vestit de dona

شادي جولباس

vestit de núvia

سوٽ

vestit d'home

نائٽ گائون

camisa de dormir

پاجامو

pijama

ساڙي

sari

مٿي تي بڌل وارو اسڪارف

mocador de cap

پڳڙي

turbant

برقعو

burca

ڪفتان

caftan

عبايو

abaia

تيراڪي جو لباس

vestit de bany

چڊي

calçon(et)s de bany

نيڪر

pantalons curts

ٽريڪ سوٽ

xandall

ايپرن

davantal

دستانا

guants

بتّش

botó

چشمو

ulleres

بريسليتّ

braçalet

هار

collaret

منډي

anell

واليون

orellera

ټوپي

casquet

كوټ هينگر

penjador

ټوپي

capell

نکاني

corbata

زپ

cremallera

هيلمټ

casc

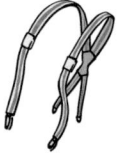

بريسز

elàstics

اسكول يونيفارم

uniforme escolar

وردي

uniforme

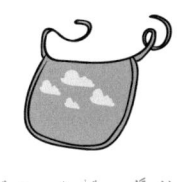

ٻارن لاءِ ڳلي ۾ ٻڌڻ وارو ڪپڙو

pitet

ٻارن جي چوسڻ واري نپل

xumet

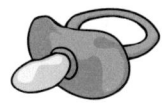

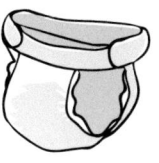

ڪڇو

bolquer

آفس

oficina

سرور
servidor
فائلن جي الماري
armari arxivador
پرنٽر
impressora
ڪاغذ
paper
مانيٽر
monitor
ماؤس
ratolí
ميز
escriptori
فولڊر
arxivador
ڪي بورڊ
teclat
ردي جي ٽوڪري
paperera
ڪمپيوٽر
ordinador
ڪافي مگ
cadira

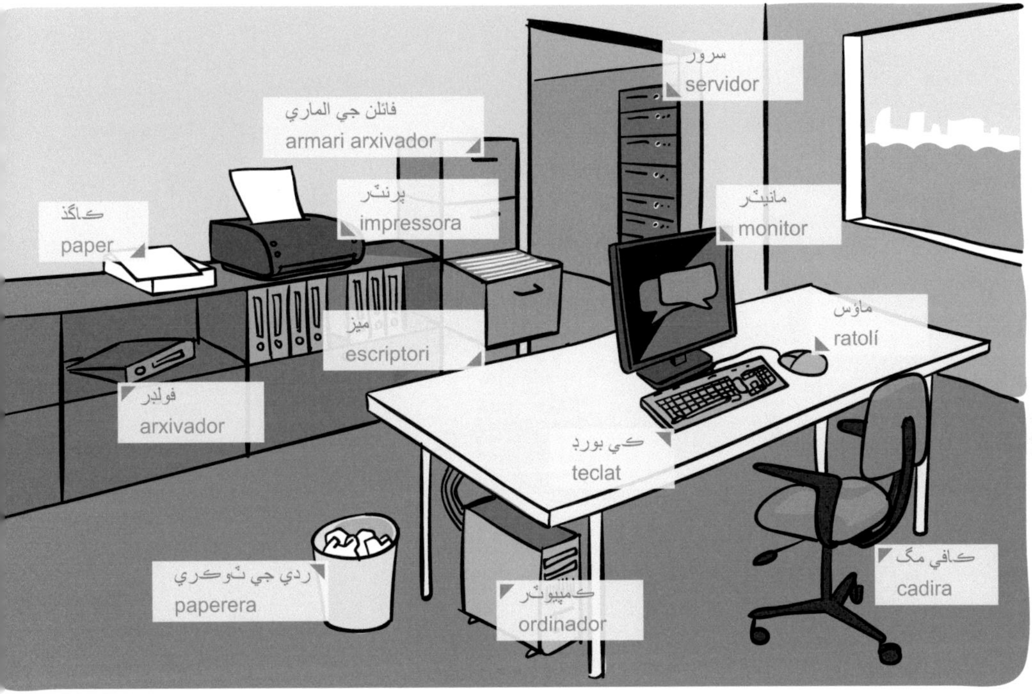

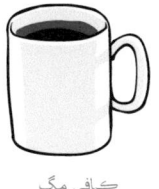

ڪافي مگ

tassa de cafè

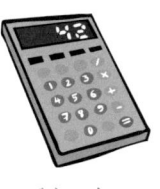

ڪيلڪيوليٽر

calculadora

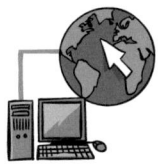

انٽرنيٽ

Internet

ليپ ټاپ

ordinador portàtil

خط

lletra

پيغام

missatge

موبائل

mòbil

نيټ ورک

xarxa

فوټو کاپي کرڼ واري مشين

fotocopiadora

سافټ ويئر

programari

ټيلي فون

telèfon

پلګ ساکټ

presa de corrent

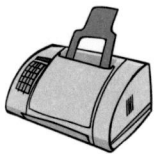

فيکس مشين

fax

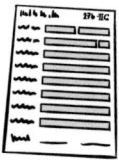

فارم

formulari

دستاويز

document

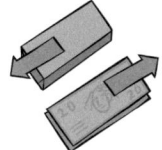

خرید کرڻ

comprar

ادا کرڻ

pagar

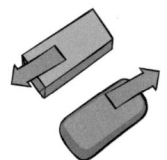

صاف کرڻ

comerciar

پیسا

diners

ڊالر

dòlar

يورو

euro

يين

ien

روبل

ruble

سونس فرانذک

franc suís

رينمنيبی يوأن

renminbi

روپيو

rupia

کيش پواننٽ

caixa automàtica

رقم تبديل كرائٹ جي أفيس

oficina de canvi

سون

or

چاندي

argent

خام تيل

petroli

تواناني

energia

قيمت

preu

معاهدو

contracte

ٹيّوکس

impost

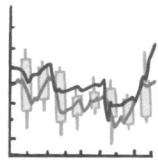

ذخيرو

acció

کم کرڻ

treballar

ملازم

treballador

آجر

empresari

فيڪٹري

fàbrica

دکان

botiga

پيشو

oficis

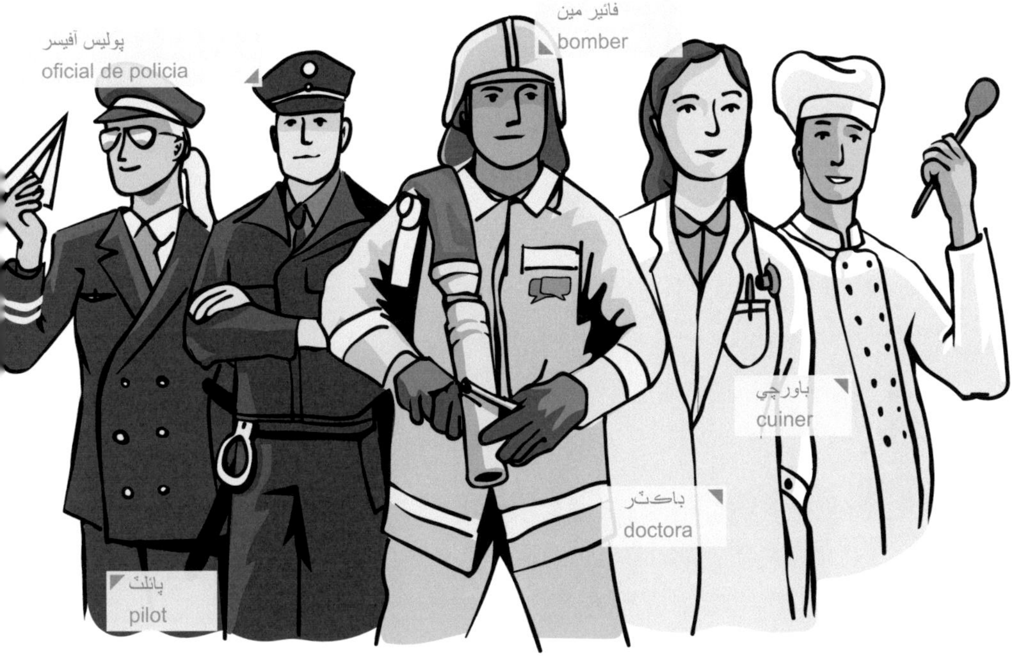

پوليس آفيسر
oficial de policia
فائير مين
bomber
باورچي
cuiner
ڈاکٹر
doctora
پائلٹ
pilot

مالي

jardiner

واڈو

fuster

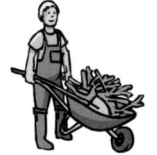

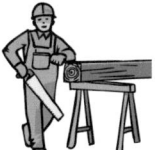

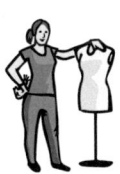

درزن

costurera

جج

jutge

ڪيميسٽ

química

اداڪار

actor

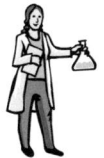

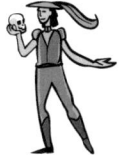

بس ڊرائيور

conductor d'autobús

ٽيڪسي ڊرائيور

taxista

مچي مارڻ وارو

pescador

صفائي ڪرڻ واري ماني

dona de la neteja

چهت ٺاهڻ وارو

ensostrador

ويٽر

cambrer

شڪاري

caçador

رنگ ساز

pintor

نانوائي

forner

اليڪٽريشن

electricista

بلدر

obrer de la construcció

انجنيئر

enginyer

ڪاسائي

carnisser

پلمبر

llanterner

پوسٽ مين

correu

سپاهي

soldat

أركيتيكت

arquitecte

خزانچي

caixera

گل کپائن وارو

florista

ناني

perruquer

کنډکټر

revisor

مکینک

mecànic

کپتان

capità

ډېنټسټ

dentista

سائنسدان

científic

يهودي عالم

rabí

امام

imam

راهب

monjo

پادري

capellà

اوزار
eines

هٿوڙو
martell
پلاس
tenalles
پيچ ڪش
descaragolador
پانو
clau anglesa
ٽارچ
llanterna

ايڪسڪويٽر

excavadora

ٽول باڪس

caixa d'eines

ڏاڪڻ

escala

آري

serra

ڪوڪو

claus

ڊرل

trepant

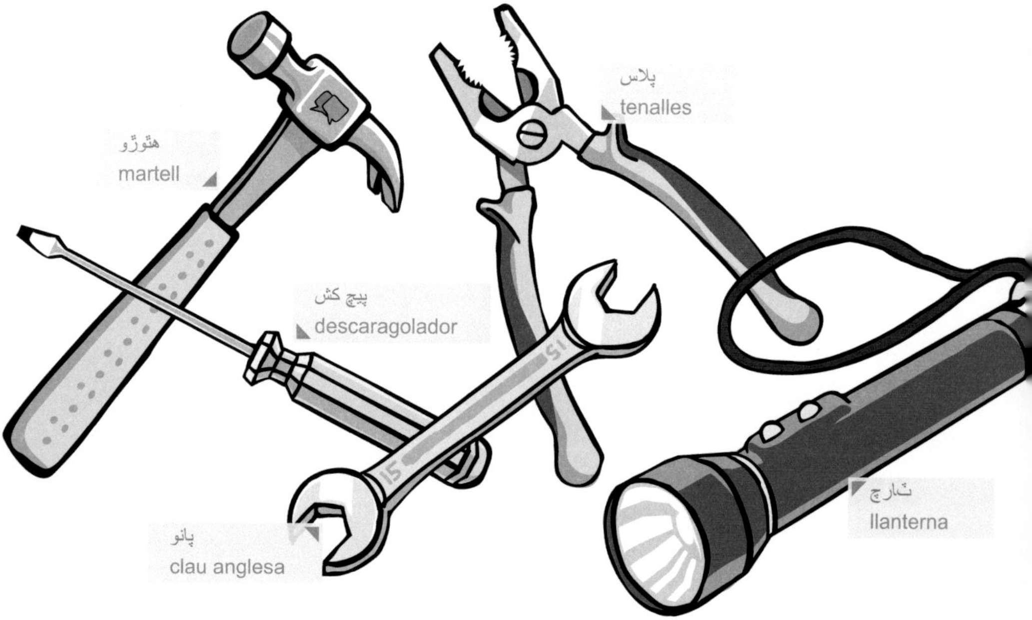

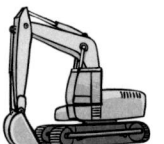

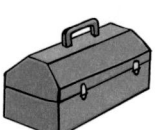

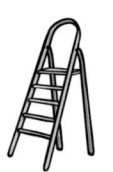

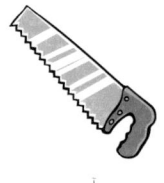

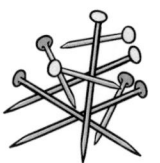

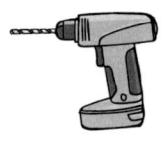

مرمت كرڻ

reparar

بيلچو

pala

لعنت هجي!

Maleït siga!

كچري دان

pala

پينٽ وارو دٻو

pot de pintura

پيچ

caragols

موسيقي جا اوزار
instrument de música

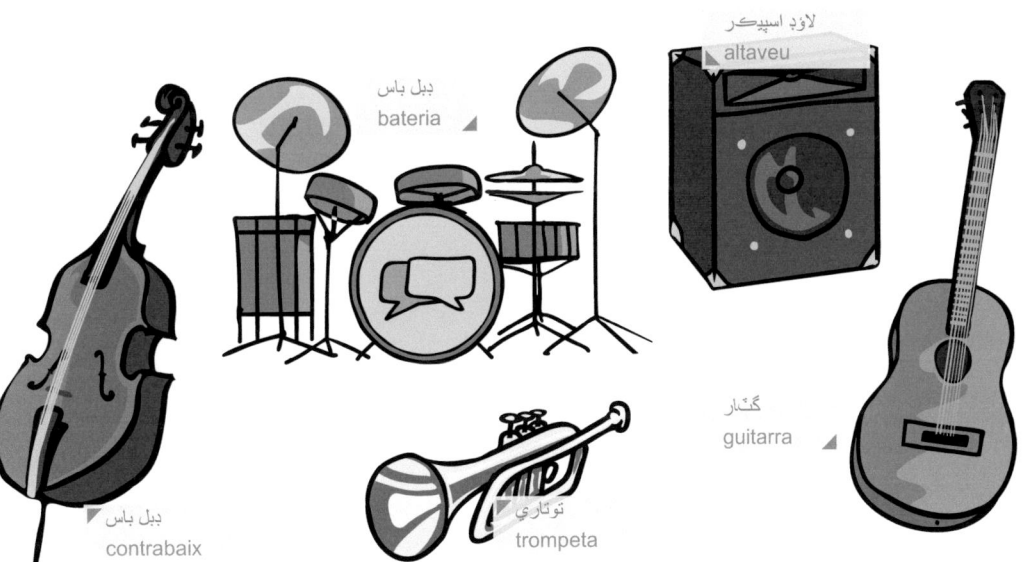

لاؤڊ اسپيڪر
altaveu

ڊبل باس
bateria

گٽار
guitarra

ڊبل باس
contrabaix

توتاري
trompeta

پيانو

piano

واِئلن

violí

گِٽار

baix

ٽِمپاني

timbal

ڊرم

tambor

ڪِي بورڊ

teclat

سيڪوفون

saxofon

بانسري

flauta

مائيڪروفون

micròfon

موسيقي جا اوزار - instrument de música

چڑیا گھر

ZOO

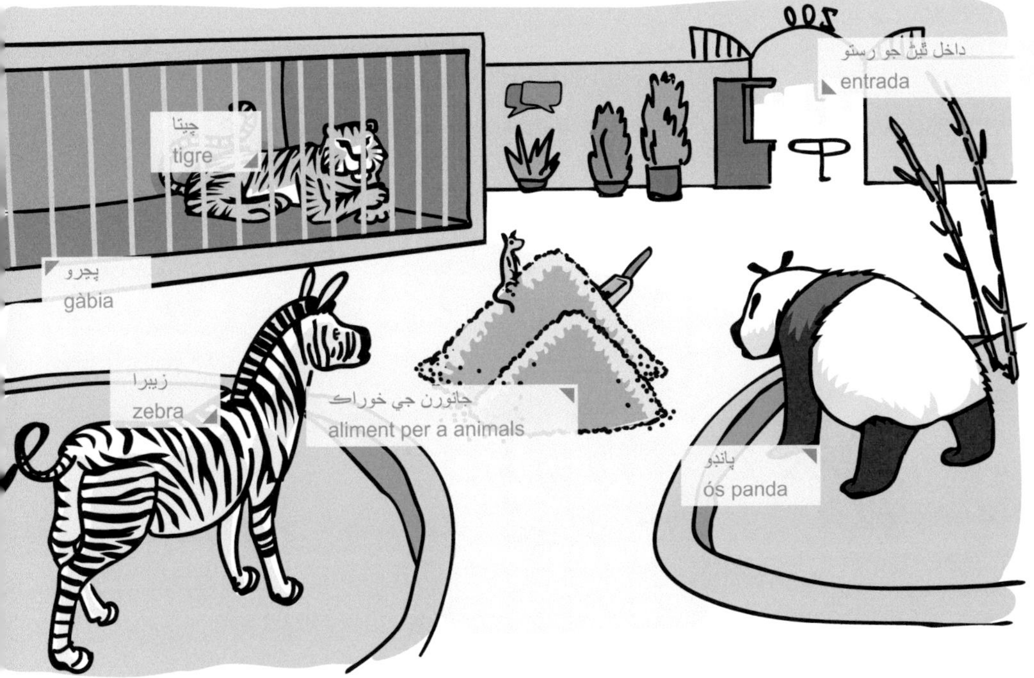

داخل ٿيڻ جو رستو
entrada
چيتا
tigre
پڃرو
gàbia
زيبرا
zebra
جانورن جي خوراڪ
aliment per a animals
پانڊو
ós panda

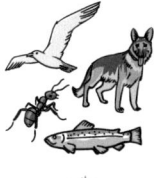

جانور

animals

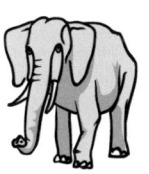

هاٿي

elefant

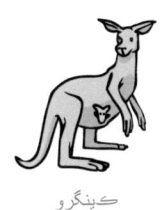

ڪينگرو

cangurú

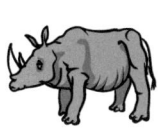

گينڊو

rinoceront

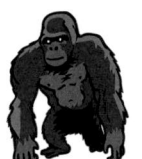

گوريلو

goril·la

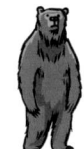

رڇ

ós

اٺ

camell

شتر مرغ

estruç

شِينهن

lleó

پولڙو

simi

فليمنگو

flamenc

طوطو

papagai

برفاني رڇ

ós polar

كبوتر

pingüí

شارك

ca mari

مور

paó

نانگ

serp

واڳون

cocodril

چڙيا گھر جو محافظ

guardià del zoo

گوج مڇي

foca

چيتو

jaguar

ټټّون

poni

چیتو

lleopard

درياٸي گھوړو

hipopòtam

جزراف

girafa

باز

àliga

سونړ

senglar

مڇي

peix

كمي

tortuga

سامونډي گھوړو

morsa

لومړي

guineu

هرڼ

gasela

esports

آمریکن فوټبال
futbol americà

سائکلنگ
ciclisme

ټینس
tenis

باسکټ بال
bàsquet

تیراکي
natació

باکسنگ
boxa

ائس هاکي
hoquei sobre gel

فوټبال

futbol americà

بېډمنټن

bàdminton

اېتهلیټکس

atletisme

هينډ بال

handbol

اسکيينگ

esquí

پولو

polo

نغيو ٹيں
saltar

پاکر پاٹن
abraçar

گانو گاٹن
cantar

کلن
riure

ھلن
anar

خواب ٹسن
somiar

دعا کرن
pregar

چمي ٹين
fer un petó

لکن
escriure

تصوير کشي کرن
dibuixar

ٹيکارن
mostrar

ٹکو ٹين
pitjar

ٹين
donar

ونن
prendre

رکڻ
....
tenir

کرڻ
....
fer

ٿيڻ
....
ésser

بيهڻ
....
estar dret

ڀڄڻ
....
córrer

ڇڪڻ
....
estirar

اڇلائڻ
....
llançar

ڪرڻ
....
caure

ڪوڙ ڳالهائڻ
....
jeure

انتظار ڪرڻ
....
esperar

کڻي وڃن
....
portar

ويهڻ
....
asseure's

تيار ٿيڻ
....
vestir-se

سمهڻ
....
dormir

جاڳڻ
....
despertar-se

ڏسڻ

mirar

روئڻ

plorar

ڏَڪ هڻ

amoixar

ڪنگي ڪرڻ

pentinar

ڳالهائڻ

parlar

سمجهڻ

comprendre

پڇڻ

demanar

ٻڌڻ

escoltar

پيئڻ

beure

کائڻ

menjar

صاف ڪرڻ

endreçar

پيار ڪرڻ

estimar

پچائڻ

cuinar

گاڏي هلائڻ

conduir

اڏڻ

volar

سرگرميون - activitats   65

بحري سفر کرڻ

navegar

حساب کرڻ

calcular

پڙهڻ

llegir

سکڻ

aprendre

کم کرڻ

treballar

شادي کرڻ

casar-se

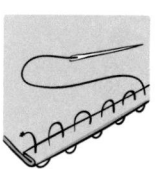

سيڻ

cosir

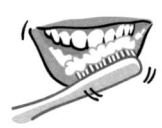

ڏندن کي برش کرڻ

raspallar-se les dents

قتل کرڻ

matar

سگريٽ پيئڻ

fumar

موکلڻ

enviar

نانّي يا ناني
àvia

ﻧﺎﻧّﻮ ﻳﺎ ﻧﺎﻧﻮ
avi

پي
pare

ماء
mare

بار
nadó

تي
filla

پت
fill

مهمان
convidat

چاچي
tia

چاچو
oncle

ياء
germà

پيٹ
germana

جسم

cos

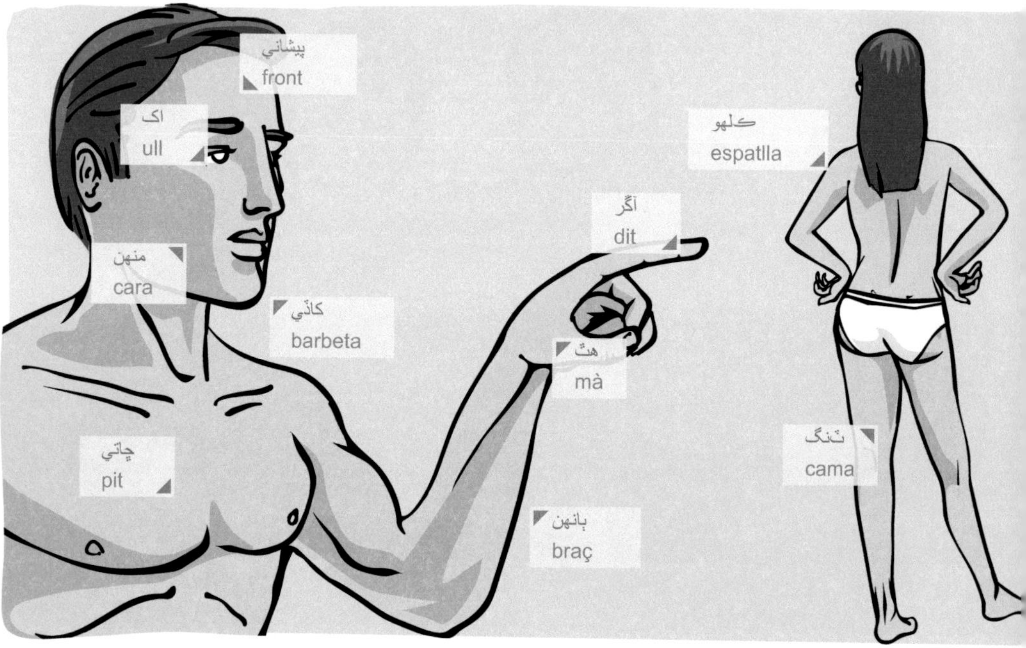

پيشاني
front
اک
ull
منهن
cara
ڪاڏي
barbeta
آڱر
dit
هٿ
mà
ڪلهو
espatlla
چاتي
pit
ٻانهن
braç
ٽنگ
cama

ٻار

nadó

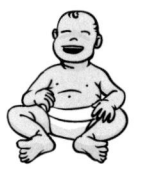

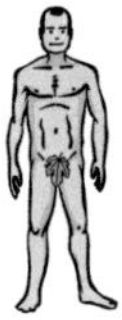

ماڻهون

home

عورت

dona

ڇوڪري

noia

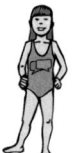

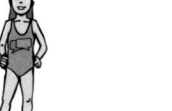

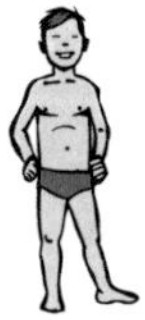

ڇوڪرو

noi

مٿو

cap

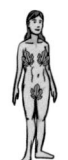

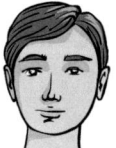

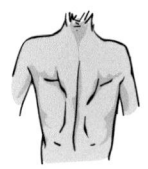

پُنِّي

esquena

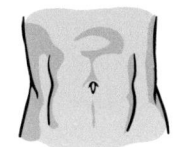

پِيټ

panxa

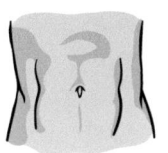

دن

melic

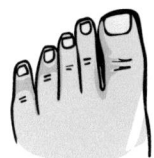

پير جو آگُونِو

dit gros del peu

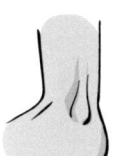

کِرِّي

taló

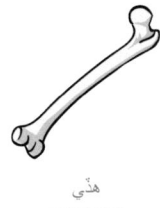

هډِّي

os

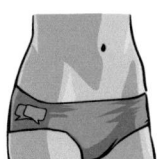

بندڼ

maluc

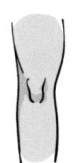

گوڼِّو

genoll

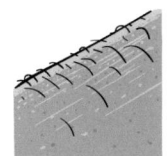

نُونټ

colze

ذک

nas

هيٺيون حصو

cul

کل

pell

ڳُل

galta

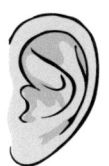

کن

orella

چپ

llavi

وات
....
boca

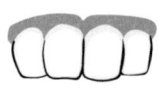

ﺛَﻨﺪ
....
dent

زبان
....
llengua

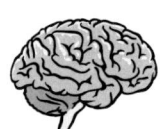

دماغ
....
cervell

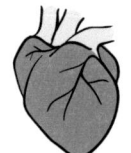

دل
....
cor

ﺛﻮرو
....
múscul

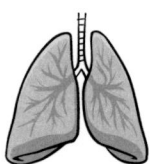

ﭘﻘﮍ
....
pulmó

جگر
....
fetge

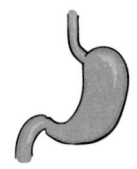

معدو
....
estómac

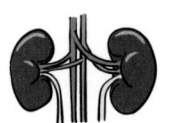

گردا
....
ronyó

جماع کرنا
....
relació sexual

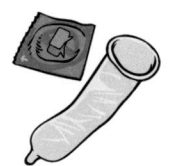

کنڈوم
....
preservatiu

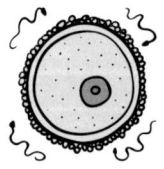

بيضه
....
ovari

مني
....
semen

حمل
....
prenyat

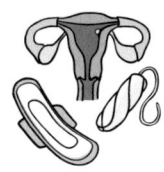

حيض

menstruació

پچيداني جي نالي

vagina

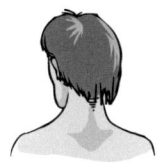

مردانو مخصوص عضوو

penis

پرون

cella

وار

cabells

گچي

coll

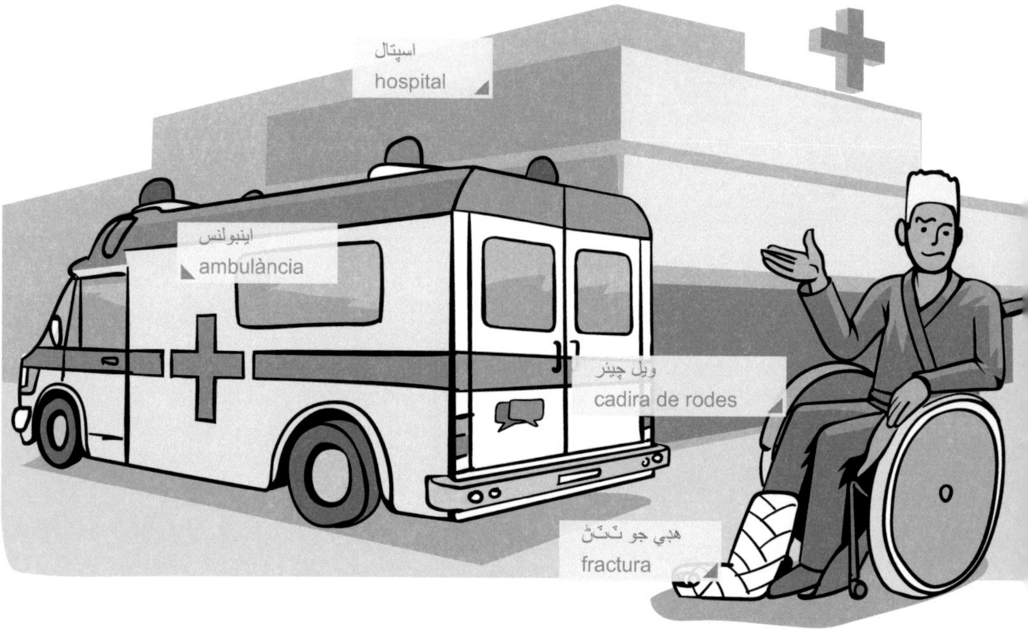

اسپتال
hospital

اينبولنس
ambulància

ويل چينز
cadira de rodes

هډي جو ٹٹڻ
fractura

ډاکټر

doctora

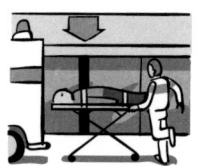

هنگامي كمرو

sala d'urgències

نرس

infermera

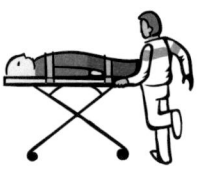

ايكسري

urgència

بيهوش

inconscient

سور

dolor

زخم

ferida

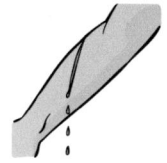

رت وهڼ

sagnament

دل جو دورو

atac de cor

فالج

apoplexia

الرجي

al·lèrgia

کنګهه

tos

بخار

febre

زکام

gripa

دستَ

diarrea

مِّي جو سور

mal de cap

کینسر

càncer

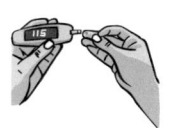

ذيابيطس

diabetis

سرجن

cirurgià

جراحي بليډ

escalpel

اپريشن

operació

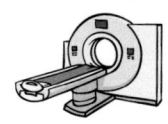

سي ٽي

tomografia computada (TC),
TAC

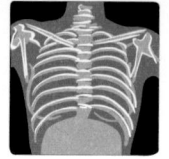

ايڪسري

raigs x

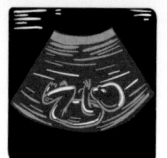

النَّراساؤنڊ

ultrasò

منهن جي ماسڪ

mascareta

بيماري

malaltia

انتظار ڪرڻ جو ڪمرو

sala d'espera

بيساڪهي

crossa

پالاسٽر

tireta

پٽي

embenat

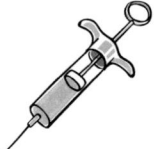

انجيڪشن

injecció

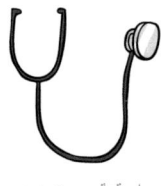

اسٽيٿهوسڪوپ

estetoscopi

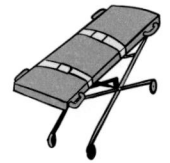

اسٽريچر

llitera

ٿرماميٽر

termòmetre clínic

پيدائش

pariment

مونڀايو

sobrepès

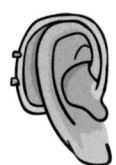

بژٹ واري ڈیوانس

aparell auditiu

جراثیم کش

desinfectant

انفیکشن

infecció

وائرس

virus

ایچ أئ وي / ایڈز

VIH / SIDA

دوا

medicina

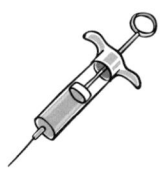

ویکسینیشن

vaccí

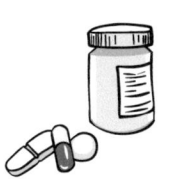

ٹکي

comprimits

گوري

pil·lola

ہنگامي کال

trucada d'urgència

بلڈ پریشر مانیٹر

tensiòmetre

بیمار / صحت

malalt / sà

مدد

Socors!

الارم

alarma

جسماني حملو ڪرڻ

assalt

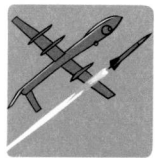

حملو ڪرڻ

atac

خطره

perill

هنگامي حالت م نڪرن جو رستو

sortida-eixida d'urgència

باه

Foc!

باه وسائڻ جو اوزار

extintor

حادثو

accident

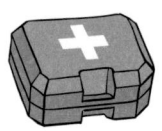

ابتدائي طبي امداد

farmaciola de primers auxilis

ايس او ايس

SOS

پوليس

policia

يورپ

Europa

اتر آمريكا

Amèrica del Nord

ذكن آمريكا

Amèrica del Sud

آفريقا

Àfrica

ايشيا

Àsia

آسٹريليا

Austràlia

اٹلانٹک

Atlàntic

پيسفک

Pacífic

بحر هند

Oceà Índic

انٹارکٹک سمندر

Oceà Antàrtic

آركٹک سمندر

Oceà Àrtic

اتر قطب

pol nord

ثَكْثَ قطب

pol sud

انثاركثيكا

Antàrtida

زمين

terra

زمين

país

سمنڊ

mar

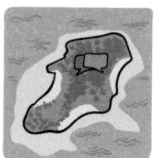

جزيرو

illa

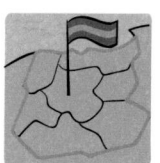

قوم

nació

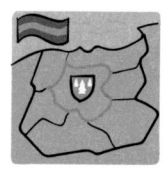

رياست

estat

گهڙِي جو سامهون حصو

quadrant

كلاڪ واري سوني

agulla de les hores

منٽ واري سوني

agulla dels minuts

سيڪنڊن واري سوني

agulla dels segons

ٽائم گھٽ ٿيو آهي؟

Quina hora és?

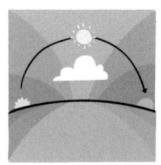

ڏينهن

dia

وقت

temps

هاٿي

ara

بجيٽل گھڙي

rellotge digital

منٽ

minut

كلاڪ

hora

setmana

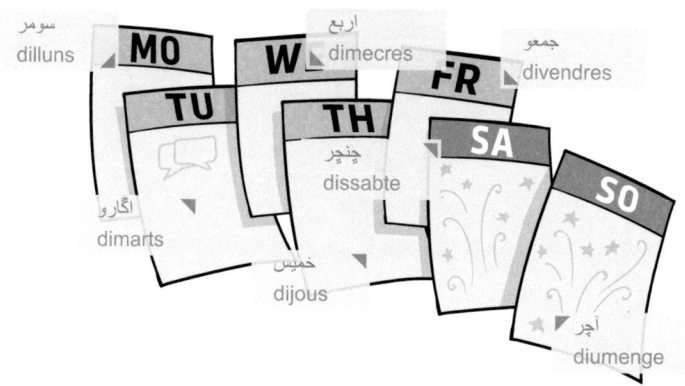

سومر
dilluns

اربع
dimecres

جمعو
divendres

اگارو
dimarts

چنڊر
dissabte

خميس
dijous

أچر
diumenge

كله
....
ahir

اڄ
....
avui

سيائتي
....
demà

صبح
....
matí

منجهند
....
migdia

شام
....
tarda

كاروباري ڏينهن
....
dia feiner

هفتي جو آخر
....
cap de setmana

برسات
pluja

اندلٹھ
arc de Sant Martí

هوا
vent

برف
neu

بهار
primavera

خزان
tardor

گرمي جي موسم
estiu

سردي جي موسم
hivern

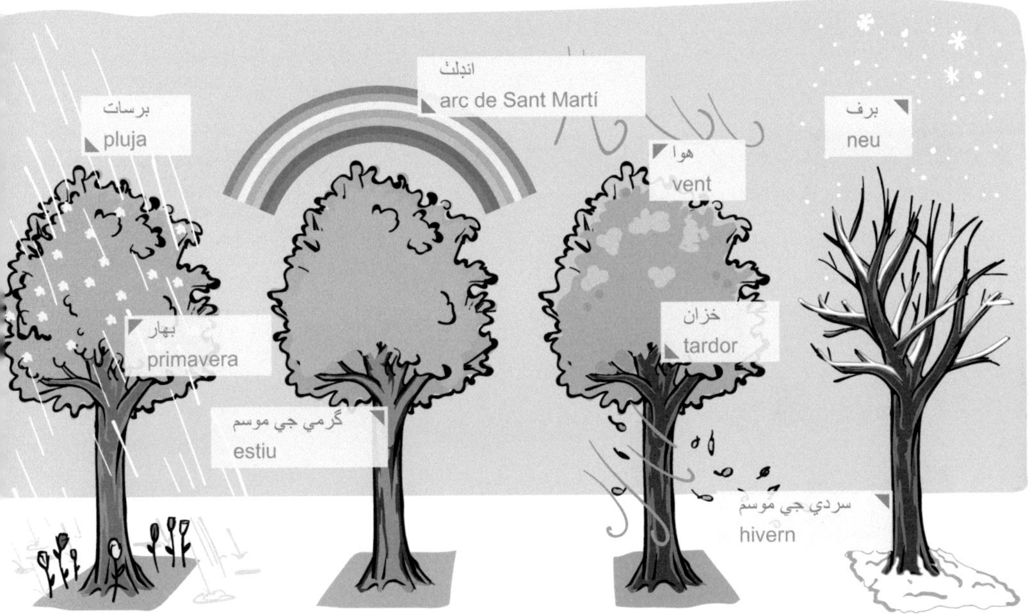

موسم جي پيشنگوهي
pronòstic del temps

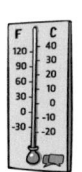

ٿَرماميٽَر
termòmetre

أس
llum del sol

بادل
núvol

ڏَنڌ
boira

نمي
humiditat de l'aire

آسماني بجلي

llamp

ٹّرماميٹّر

tro

طوفان

tempesta

ڳڙَڪ جو مينهن

calamarsa

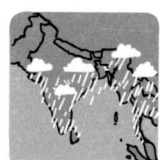

مون سون

monsó

ٻوڏ

inundació

برف

gel

جنوري

gener

فيبروري

febrer

مارچ

març

اپريل

abril

مئي

maig

جون

juny

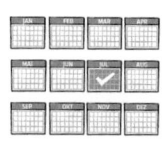

جولاني

juliol

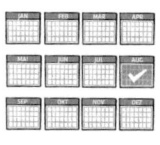

آگسٽ

agost

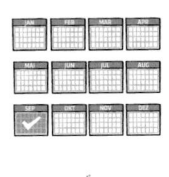

سيپټمبر

setembre

أكتوبر

octubre

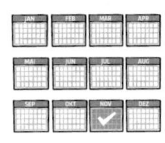

نومبر

novembre

ډسمبر

desembre

دائرو

cercle

چكور

quadrat

مستطيل

rectangle

مثلث

triangle

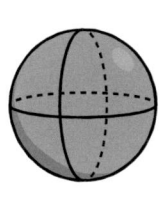

كره

esfera

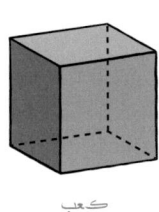

كعب

cub

colors

اڇو

blanc

پيلو

groc

نارنجي

taronja

گلابي

rosa

ڳاڙهو

vermell

جامني

lila

نيرو

blau

سائو

verd

ناسي

marró

پورو

gris

ڪارو

negre

گهڻو / ٿورو
....
molt / poc

ناراض / پر سکون
....
emprenyat / tranquil

خوبصورت / بدصورت
....
bonic / lleig

شروعات / ختم
....
començament / fi

وڏو / ننڍو
....
gran / petit

روشني / اونده
....
clar / fosc

ڀيڻ / ڀائي
....
germà / germana

صاف / خراب
....
net / brut

مکمل / نا مکمل
....
complet / incomplet

ڏينهن / رات
....
dia / nit

مرده / زنده
....
mort / viu

ڊگهو / تنگ
....
ample / estret

كائٹ قابل نه هجڻ / كائٹ جي قابل هجن

comestible / immenjable

برو / سٺو

dolent / amable

پرجوش / بوريت جوشڪار

entusiasmat / entediat

موٽو / پتلو

gros / prim

پهريون / آخري

primer / darrer

دوست / دشمن

amic / enemic

پريل / خالي

ple / buit

سخت / نرم

dur / tou

ڳرو / هلڪو

pesant / lleuger

بڪ / اڄ

gana / set

بيمار / صحت

malalt / sà

غيرقانون / قانوني

il·legal / legal

عقلمند / بيوقوف

intel·ligent / ximple

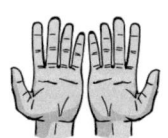

سڏو / ابٺو

esquerra / dreta

ويجهي / پري

prop / llunyà

نئون / استعمال ئېل

nou / usat

کجه به نه / کجه

res / quelcom

پوړهو / نوجوان

vell / jove

أن / أف

encès / apagat

کلیل / بند

obert / tancat

خاموش / بلند أواز سان

silenciós / sorollós

امیر / غریب

ric / pobre

صحیح / غلط

correcte / incorrecte

کهورو / لسو

aspre / suau

غمگین / خوش

trist / content

مختصر / بگهو

curt / llarg

أهسته / تیز

lent / ràpid

ألو / سکل

humit / sec - eixut

گرم / ټو

calent / fred

جنگ / امن

guerra / pau

0	**1**	**2**
زیرو	هک	ﺑﻪ
zero	u	dos

3	**4**	**5**
ﭨﻲ	چار	پنج
tres	quatre	cinc

6	**7**	**8**
چه	ست	اﭨ
sis	set	vuit

9	**10**	**11**
نوَ	ﭤه	یارهن
nou	deu	onze

12
بارهن

dotze

13
تيرهن

tretze

14
چوڈهن

catorze

15
پندرهن

quinze

16
سورهن

setze

17
سترهن

disset

18
ارڑهن

divuit

19
اوٹویه

dinou

20
ویه

vint

100
سو

cent

1.000
هزار

mil

1.000.000
ڈه لک

milió

انگّريزي

anglès

أمريكي انگّريزي

anglès americà

چيني ميندارن

xinès mandarí

هندي

hindi

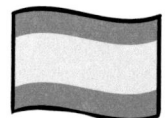

اندلسي هولي

espanyol

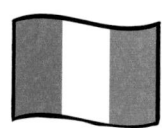

فرانسيسي

francès

عربي

àrab

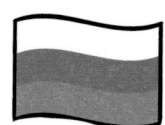

روسي

rus

پرتگّالي

portuguès

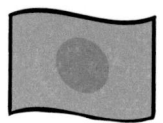

بنگّالي

bengalí

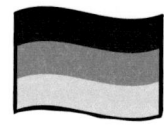

جرمن

alemany

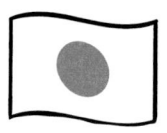

جاپاني

japonès

مان

jo

تُون

tu

هي چوكري/ هي چوكرو / هو

ell / ella / allò

اسان

nosaltres

تُون

vosaltres

هو

ells

كير؟

qui?

چا؟

què?

كيئن

com?

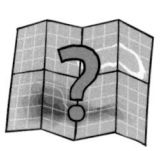

كِثّي؟

on?

كَڏِنهن؟

quan?

نالو

nom

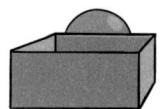

پويان

darrere

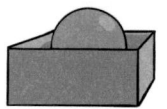

en

جي سامهون

davant de

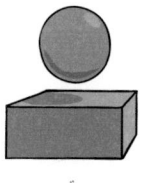

مَّٿي

damunt

تي

sobre

هيٺ

sota

ڀرسان

al costat

وچ ۾

entre

جڳهه

lloc